T0040972

FONDAZIONE GIORGIO CINI
ISTITUTO ITALIANO ANTONIO VIVALDI

ANTONIO VIVALDI

Fonti del pianto
CANTATA
PER SOPRANO E BASSO CONTINUO

RV 656

EDIZIONE CRITICA
A CURA DI
FRANCESCO DEGRADA

RICORDI

Comitato editoriale / Editorial Committee

† Denis Arnold, Francesco Degrada, Paul Everett, Gianfranco Folena, Peter Ryom, Reinhard Strohm, Michael Talbot

© Copyright 1991 by **G. RICORDI & C.** s.p.a. - Milano
ANNO 1991
Tutti i diritti riservati - All rights reserved
Printed in Italy

Prefazione generale

I criteri che guidano la nuova edizione critica delle opere di Antonio Vivaldi sono analiticamente esposti nelle Norme editoriali, *redatte a cura del Comitato Editoriale dell'Istituto Italiano Antonio Vivaldi. Se ne offre qui un estratto che descrive, nei termini indispensabili alla comprensione della partitura, la tecnica editoriale adottata.*
L'edizione si propone di presentare un testo il più possibile fedele alle intenzioni del compositore, così come sono ricostruibili sulla base delle fonti, alla luce della prassi di notazione contemporanea e delle coeve convenzioni esecutive.
La tecnica di edizione adottata per opere singole o gruppi di opere è illustrata nelle Note critiche. *Esse contengono di norma:*

1. *Una trattazione dell'origine e delle caratteristiche generali della composizione (o delle composizioni).*
2. *Un elenco delle fonti (comprese le fonti letterarie quando rivestano particolare importanza).*
3. *Una descrizione di tutte le fonti che il curatore ha collazionato o consultato, comprese le più importanti edizioni moderne.*
4. *Una relazione e una spiegazione relative alle scelte testuali derivanti dallo stato delle fonti e dalle loro reciproche relazioni e alle soluzioni adottate per composizioni particolarmente problematiche, non previste nella* Prefazione generale. *In particolare viene specificato quale fonte è usata come* fonte principale *dell'edizione, quale (o quali) sono state* collazionate, consultate *o semplicemente* elencate.
5. *Una discussione sulla prassi esecutiva relativa alla composizione o alle composizioni edite.*
6. *Un apparato critico dedicato alla lezione originale e alla sua interpretazione, contenente la registrazione di tutte le varianti rispetto alla fonte principale e alle fonti collazionate.*

Ogni intervento del curatore sul testo che vada al di là della pura traslitterazione della notazione antica o che non corrisponda a un preciso sistema di conversione grafica qui segnalato, viene menzionato nelle Note critiche *o evidenziato attraverso specifici segni:*

1. *Parentesi rotonde (per indicazioni espressive o esecutive mancanti nelle fonti e aggiunte per assimilazione orizzontale o verticale; per correzioni e aggiunte del curatore laddove nessuna delle fonti fornisce, a suo giudizio, un testo corretto).*
2. *Corpo tipografico minore (per l'integrazione del testo letterario incompleto o carente sotto la linea o le linee del canto; per le indicazioni « solo » e « tutti » aggiunte dal curatore; per la realizzazione del basso continuo per strumento a tastiera).*
3. *Linee tratteggiate* ‐‐‐‐‐ *per legature di articolazione o di valore aggiunte dal curatore.*
4. *Semiparentesi quadre* ⌐ ¬ *per il testo musicale o letterario di un rigo derivato in modo esplicito (mediante abbreviazione) o implicito da un altro rigo.*

Non vengono di norma segnalati nell'edizione gli interventi del curatore nei casi seguenti:

I) *Quando viene aggiunta una legatura tra l'appoggiatura e la nota principale. Questa regola vale anche nel caso di gruppi di note con funzione di appoggiatura.*
II) *Quando segni di articolazione (per esempio punti di staccato) sono aggiunti a una serie di segni simili per assimilazione, sulla base di inequivocabili indicazioni della fonte.*
III) *Quando la punteggiatura viene corretta, normalizzata o modernizzata; lo stesso vale per l'ortografia e l'uso delle maiuscole.*
IV) *Quando abbreviazioni comunemente usate vengono sciolte.*
V) *Quando pause di un'intera battuta mancanti nella fonte vengono aggiunte, e non c'è alcun dubbio che una parte del testo musicale sia stata inavvertitamente omessa.*
VI) *Quando vengono introdotti dal curatore segni ritmici indicanti modalità di esecuzione.*

L'ordine delle parti strumentali nella partitura segue la prassi editoriale moderna.
La notazione trasposta dell'originale (per il violone, il flautino, il corno) viene mantenuta nell'edizione; nelle Note critiche *viene specificato l'intervallo di trasposizione dei singoli strumenti (con l'eccezione del violone). Parti in notazione di « bassetto » (violini, viole, clarinetti, chalumeaux, ecc.) sono trascritte nelle chiavi di violino e di contralto e nell'ottava appropriata.*

Nelle Note critiche *l'altezza dei suoni viene così citata:*

Le armature di chiave sono modernizzate per intere composizioni o per singoli movimenti, e l'armatura di chiave originale è indicata nelle Note critiche. *L'edizione usa le seguenti chiavi: per le parti strumentali, le chiavi di violino, di contralto, di tenore e di basso secondo l'uso moderno; per le parti vocali, la chiave di violino, la chiave di violino tenorizzata e la chiave di basso. Le chiavi originali o i cambiamenti di chiave sono registrati nelle* Note critiche.
Per quanto concerne il trattamento delle alterazioni, le fonti settecentesche della musica di Vivaldi seguono l'antica convenzione secondo la quale le inflessioni cromatiche mantengono la loro validità solamente per il tempo in cui la nota alla quale è premessa l'alterazione è ripetuta senza essere interrotta da altri valori melodici, indipendentemente dalla stanghetta di battuta. Pertanto la traslitterazione nella notazione moderna comporta l'automatica aggiunta di certe alterazioni e la soppressione di altre. Inflessioni cromatiche non esplicite nella notazione della fonte originale, ma aggiunte dal curatore, sono segnalate, quando è possibile, nella partitura, mettendo tra parentesi l'alterazione o le alterazioni introdotte. Se la stessa alterazione è presente nell'armatura di chiave, ovvero appare precedentemente nella stessa battuta, mantenendo dunque, secondo le convenzioni moderne, la propria validità, l'intervento del curatore viene segnalato nelle Note critiche, *dove viene offerta la lezione originale.*
Il basso continuo per strumento a tastiera è notato su due righi. Il rigo superiore contiene la realizzazione del curatore stampata in corpo minore. Essa non è da intendersi tout-court come una parte per la mano destra, dato che alcune note potranno legittimamente essere intese per la mano sinistra dell'esecutore. Il rigo inferiore che, in quanto parte di basso si riferisce spesso non solo agli strumenti del continuo, ma a tutti gli strumenti gravi dell'orchestra, è fornito di tutte le numeriche del basso esistenti nell'originale, stampate sotto di esso. Queste numeriche possono essere, se necessario, corrette dal curatore, che tuttavia non ne aggiungerà di nuove. Le alterazioni sono apposte davanti alle numeriche cui si riferiscono e i tratti trasversali indicanti l'alterazione cromatica di una nota (6̸) sono sostituiti dal diesis o dal bequadro corrispondenti. L'abbassamento di un semitono di una cifra del basso precedentemente diesizzata, è sempre indicata col segno di bequadro, anche se le fonti, talvolta, usano per lo stesso scopo il segno di bemolle. Le indicazioni « solo » e « tutti » nel basso, sempre in carattere minore se aggiunte dal curatore, si riferiscono a cambiamenti nella strumentazione della linea del basso, descritti più analiticamente nelle Note critiche. *Particolari figurazioni ritmiche nella linea del basso non devono necessariamente essere eseguite da tutti gli strumenti del continuo: così, veloci disegni in scala possono essere affidati ai soli strumenti ad arco; a sua volta il clavicembalo può suddividere in valori più brevi lunghe note tenute dal basso, dove questo si addica alla generale struttura ritmica del brano.*
Quando la ripetizione del « Da Capo » non è scritta per esteso (come avviene per lo più nelle composizioni vocali), la prima sezione deve essere ripetuta dall'inizio o dal segno ※ *, sino alla cadenza della tonalità fondamentale, contrassegnata generalmente da una corona, o sino al segno* ※ *. Nelle arie e in composizioni vocali simili, il « Da Capo » deve essere eseguito dal solista (o dai solisti) con nuovi abbellimenti, in armonia con il carattere ritmico e melodico del brano.*
Nei recitativi, le appoggiature per la parte di canto non vengono indicate una per una nel testo dell'edizione; pertanto il cantante deve compiere sempre una scelta giudiziosa del luogo ove introdurle. Di norma sono richieste in tutte le formule cadenzali nelle quali c'è un intervallo discendente prima dell'ultima sillaba accentata di una frase; se l'intervallo è una seconda o una terza maggiore o minore, la sillaba accentata è cantata un tono o un semitono sopra (secondo l'accordo sottostante) rispetto alla nota successiva; se l'intervallo è più ampio di una terza, la silla-

ba accentata è intonata alla stessa altezza della nota precedente. Questo vale sia che il basso abbia o non abbia una cadenza, sia che la nota dell'appoggiatura sia consonante o meno col basso. Talvolta si possono introdurre appoggiature anche all'interno di una frase, per dare importanza a certe parole, anche quando l'ultima sillaba accentata è raggiunta partendo da una nota inferiore. Ma anche in questo caso, la nota dell'appoggiatura deve essere più alta rispetto alla nota successiva; appoggiature ascendenti possono essere consigliabili in frasi che terminano con un punto di domanda o che richiedano una particolare espressività. Nei recitativi, quando non altrimenti indicato, tutte le note del basso e gli accordi corrispondenti del rigo superiore devono essere eseguiti come « attacchi » di breve durata; questo, in particolare, nella musica vocale profana. Devono essere tenuti solo gli accordi alla fine di un recitativo, segnalata da una corona. Il trattamento ritmico degli accordi delle cadenze nell'accompagnamento dei recitativi è generalmente suggerito, nell'edizione, dalla realizzazione del basso continuo; ritardare troppo gli accordi sulle cadenze non è consigliabile nei recitativi di composizioni profane. Le « cadenze posposte », nelle quali la nota del basso entra dopo che la voce ha smesso di cantare, sono suggerite nell'edizione solo per conclusioni cadenzali particolarmente importanti, mediante l'inserzione di una virgola tra parentesi sopra il rigo superiore e inferiore. Dopo una cadenza, nel corso di un recitativo, è da evitare un ritardo nell'attacco della frase successiva, a meno che una virgola tra parentesi non lo richieda espressamente.

Gli abbellimenti vocali e strumentali diversi da quelli da impiegarsi nel « Da Capo » e nei recitativi, sono aggiunti dal curatore (tra parentesi) se assenti nella fonte, nei punti in cui sono di norma richiesti dalle convenzioni esecutive dell'epoca di Vivaldi. Se la fonte indica o sottintende una cadenza, questo verrà specificato nelle Note critiche, *ma di norma non ne verrà offerta una realizzazione. Nelle arie con « Da Capo » è richiesta di solito una cadenza almeno alla fine dell'ultima sezione, e spesso anche alla fine della seconda (quella centrale); ciò non verrà specificato caso per caso nelle* Note critiche, *salvo laddove occorra chiarire l'esatta posizione della cadenza stessa.*

General Preface

The guiding principles behind the new, critical edition of the works of Antonio Vivaldi are set out in detail in the *Editorial Norms* agreed by the Editorial Committee of the Istituto Italiano Antonio Vivaldi. We give below a summary which describes, in terms essential to the understanding of the score, the editorial principles adopted. The editon aims at maximum fidelity to the composer's intentions as ascertained from the sources in the light of the contemporary notational and performance practice.
The editorial method employed for single works or groups of works is described in the *Critical Notes*, which normally contain:

1. A statement of the origin and general characteristics of the compositions.
2. A list of sources, including literary sources when relevant.
3. A description of all the sources collated or consulted by the editor, including the most important modern editions.
4. An account and explanation of decisions about the text arising from the state of the sources and their interrelationship, and of solutions adopted for compositions presenting special problems, unless these are already covered in the *General Preface*. In particular, it will be made clear which source has been used as the *main source* of the edition, and which others have been *collated, consulted* or merely *listed*.
5. A discussion of performance practice in regard to the composition(s) published.
6. A critical commentary concerned with original readings and their interpretation, which lists all variations existing between the main source and the collated sources.

All instances of editorial intervention which go beyond simple transliteration of the old notation or which do not conform to a precise system of graphical conversion described below will be mentioned in the *Critical Notes* or shown by special signs:

1. Round brackets (for marks of expression or directions to the performer absent in the sources and added through horizontal or vertical assimilation; for editorial emendations where none of the sources, in the editor's judgement, provides a correct text).
2. Small print (to complete an underlaid text when some or all words are missing; for the editorial indications "solo" and "tutti"; for the realization for keyboard of the continuo).
3. Broken lines for slurs and ties added editorially.
4. Square half-brackets ⌈ ⌉ for musical or literary text derived explicitly (by means of a cue) or implicitly from that on (or under) another staff.

Normally, the editor will intervene tacitly in the following cases:

I) When a slur linking an appoggiatura to the main note is added. This applies also to groups of notes functioning as appoggiaturas.
II) When marks of articulation (e.g. staccato dots) are added to a series of similar marks by assimilation and the source leaves no doubt that this is intended.
III) When punctuation is corrected, normalized or modernized; the same applies to spelling and capitalization.
IV) When commonly-used abbreviations are resolved.
V) When whole-bar rests absent in the source are added, there being no reason to think that a portion of musical text has inadvertently been omitted.
VI) When editorial rhythmic signs indicating a manner of performance are added.

The order of the instrumental parts in the score follows modern publishing practice.
Transposing notation in the original (for *violone*, *flautino*, horn) is retained in the edition; in the *Critical Notes* the interval of transposition of individual instruments (*violone* excepted) will be specified. Parts in "bassetto" notation (violins, violas, clarinets, chalumeaux, etc.) are written out in the appropriate octave using treble or alto clefs.

In the *Critical Notes*, the pitches are cited according to the following system:

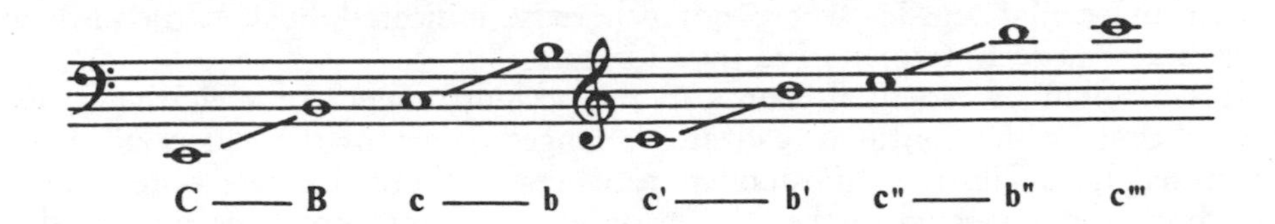

The key signatures of whole compositions or individual movements are modernized where appropriate and the original key signature given in the *Critical Notes*. The edition employs the following clefs: for instrumental parts, treble, alto, tenor and bass clefs following modern usage; for vocal parts, treble, "tenor G" and bass clefs. Original clefs or clef changes are recorded in the *Critical Notes*.
In regard to the treatment of accidentals, the 18th-century sources of Vivaldi's music adhere to the old convention whereby chromatic inflections retain their validity for only so long as the note to which an accidental has been prefixed is repeated without interruption, irrespective of barlines. Conversion to modern notation thus entails the tacit addition of some accidentals and the suppression of others. Chromatic inflections not made explicit in the notation of the original source but supplied editorially are shown where possible in the score, the one or more accidentals entailed being enclosed in parentheses. If the same accidental is presént in the key signature or appears earlier in the same bar, therefore remaining valid under the modern convention, the editorial intervention is recorded in the *Critical Notes*, where the original reading is given.
The *basso continuo* for keyboard is notated on two staves. The upper staff contains the editorial realization. This should not be understood *tout court* as a part for the right hand, since certain notes may be intended for the performer's left hand. The lower staff, which as a bass part often has to be played not merely by continuo instruments but also by all the "low" instruments of the orchestra, includes all the bass figures present in the original, which are printed below it. Where necessary, these figures may be corrected by the editor, who will not add any new figures, however. Accidentals precede the figures to which they refer, and cross-strokes indicating the chromatic inflection of a note (6̸) are replaced by the appropriate accidental. The lowering by a semitone of a previously sharpened bass figure is always indicated by the natural sign, although the sources sometimes use the flat sign synonymously. The indications "solo" and "tutti" in the bass, always in small print if editorial, call for changes in the instrumentation of the bass line, which are described more specifically in the *Critical Notes*. Rhythmic figurations in the bass line are not necessarily meant to be performed on all participating instruments; thus, rapid scales may be left to the stringed bass instruments, while the harpsichord may split sustained bass notes into shorter values, where this conforms to the general rhythm of the piece.
Where the "Da Capo" repeat is not written out (mostly in vocal pieces), the first section has to be repeated, from the beginning or from the sign ⁂ until the tonic cadence at the end of this section, which is usually marked by a fermata, or until the sign ⁂. In arias and similar vocal pieces the "Da Capo" repeat should be performed by the soloist(s) with new embellishments in accordance with the rhythmic and melodic character of the piece.
In recitatives the appoggiaturas for the singer are not indicated individually in the main text of the edition, as the singer has always to make a judicious selection of the places where to sing them. They are normally expected in all cadential formulas where there is a falling interval before the last accented syllable of a phrase; if the interval is a minor or major second or third, the accented syllable is sung a tone or semitone higher (according to the harmony) than the following note; if the interval is larger than a third, the accented syllable is sung at the same pitch as the preceding note. This is valid whether or not the bass actually cadences at that point, and whether or not the appoggiatura is consonant or dissonant with the bass. Occasionally, appoggiaturas can also be sung within a phrase, to lend emphasis to certain words — even when the last accented syllable is approached from below. Here, too, the appoggiatura should lie above the note following it, but rising appoggiaturas may be appropriate in phrases ending

with a question mark or where special expressiveness is required. All bass notes of the recitatives, including the corresponding chords in the upper staff, should be performed as short "attacks", at least in secular music, where not otherwise indicated. Sustained chords are limited to those at the end of a recitative, marked by a fermata.
The rhythmic treatment of cadential chords in the accompaniment of recitative is usually suggested in the edition by the continuo realization; longer delays of the cadential chords are not appropriate in secular recitative. "Postponed cadences", where the bass note enters after the voice has finished, are suggested in the edition only at major stopping points, by the insertion of a bracketed comma in the upper and lower staff at this juncture. After a cadence within the course of a recitative there should be no delay in the attack of the next phrase, unless a bracketed comma specifically calls for it.
Other vocal and instrumental embellishments than those in "Da Capo" repeats and in recitatives are supplied editorially (in brackets) if absent from the source, where they are normally required by the performing conventions of Vivaldi's age. If the source indicates of implies a cadenza, this will be pointed out in the *Critical Notes*, but normally no specimen of one will be supplied. In "Da Capo" arias cadenzas are usually expected at least at the end of the last section, and often also at the end of the second (middle) section; this will not be specifically pointed out in the *Critical Notes* except in cases where the exact position of the cadenza needs clarification.

Fonti del pianto
Cantata per soprano e basso continuo RV 656

10
to
Pian - ge - te tan - to, Pian - ge - te tan - to
Si - no che in la
20
etc.

- gri - me Strug - ga - si il cor.
30
Fon - ti del
pian - - - to

40
Pian - ge - te tan - to, Pian - ge - te tan - to
Si - no ch'in la - - - - - - - - - - - gri - me
Strug - ga - si il cor, Si - no ch'in
tr

50
(tr)
la - - - - -
(tr)
- gri-me Strug - ga - si il cor.
60
Mio cor a - man - te

Sei di dia - man - te S'og - gi non spez - za - ti,
S'og - gi non spez - - - -
70
- - - - - za - ti Al mio do -
- lor, S'og - gi non spez - -

Da Capo

Recitativo

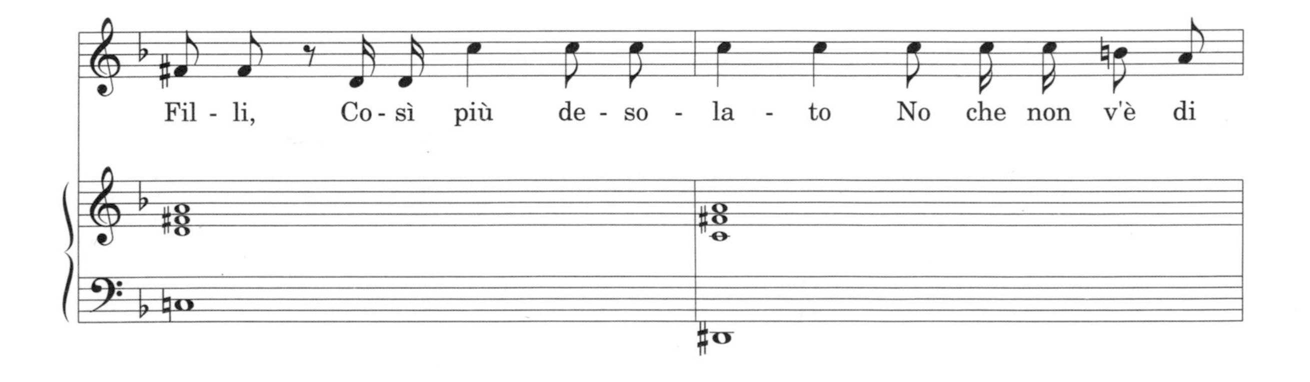

- stan - te, Tu l'a - mi, el - la t'ab - bor - re, Tu la
se - gui, el - la ti fug - ge. A duol co -
10
- tan - to, Se re - sis - ter non puo - i Strug - gi - ti, af - flit - to
cor, strug - gi - ti in pian - to.

Allegro
10
Guar - da, guar - da, ne - gl'oc - chi
mie - i, Fil - li spie - ta - ta, oh Di - o, oh

Di - o, Quan - to cru - del tu se - i
20
Quan - to fe - del son i - o, quan - to,
quan - to t'a - do - - - - - -
- - - - ro, quan - - - to t'a -
30

-do - ro.
Guar - da, guar - da ne-gl'oc-chi
40
mie - i, Fil - li spie - ta - ta, oh Dio, oh
Dio, oh Di - o, Quan - to cru - del tu

50
se - i, Quan - to fe - del son i - o,
guar - da, guar - da quan - to t'a - do - -
- - - - ro,
60
quan - to t'a - do - ro. Oh Dio, oh
tr

Dio, guar - da quan - to cru - del tu se - i,
70
guar - da quan - to fe - del son i - o, guar - da, guar - da
quan - to t'a - do - - - -
- ro, quan - to t'a - do - ro.
tr

80
E co-me è in me l'a - mo - re E -
90
- gual a tua bel - lez - za, Ri - mi-ra en-tro il mio co - re, E -
- gual a tua fie - rez - za, e - gual a tua fie - rez - za il

mio mar - to - - - -
100
- ro, il mio mar - to - ro. E - gual a tua fie -
- rez - za il mio mar - to - - - -
110
- - - ro, il mi - o mar - to - ro.
Da Capo

Note critiche

La cantata *Fonti del pianto*, RV 656, per soprano e basso continuo, è pervenuta attraverso due fonti, conservate rispettivamente presso la Biblioteca Nazionale di Torino (Foà 28, cc. 181-184) e presso la Sächsische Landesbibliothek di Dresda (Mus. 1-J-7, pp. 81-87).[1] La prima fonte, integralmente autografa di Vivaldi, è costituita da un quaderno formato da due doppie carte di formato oblungo inserite l'una nell'altra, che misurano cm. 23 per 31 circa, cui corrispondono sei pagine di notazione musicale; la c. 184r e la c. 184v sono rimaste inutilizzate. Nella parte superiore della c. 181r appare, al centro, l'intestazione « Cantata Del Viualdi »; a sinistra, in corrispondenza con la prima battuta, l'annotazione autografa « Un Tuono Basso », da intendersi probabilmente come un'indicazione per un copista ovvero come un appunto per un'esecuzione della cantata da parte di un'interprete con un'estensione più limitata verso l'acuto. Anche se a c. 183v manca l'indicazione « Finis », il fatto che la cantata presenti nel suo insieme, sia dal punto di vista musicale, sia da quello testuale, una struttura coerente, dà la certezza che l'opera sia giunta nella sua integrità.
Ogni pagina comprende dieci pentagrammi e la musica è notata su cinque sistemi di due pentagrammi ciascuno; quello superiore è in chiave di soprano, quello inferiore in chiave di basso, senza indicazioni relative alla voce o agli strumenti di accompagnamento. Si tratta tuttavia chiaramente di una composizione per voce di soprano e basso continuo.
Secondo le ricerche di Paul Everett, l'autografo di RV 656 presenta la stessa qualità di carta di RV 655 e RV 670 e sembrerebbe attribuibile, a giudicare dalle caratteristiche della grafia musicale, a un periodo compreso tra gli ultimi anni del decennio 1720-30 e i primi anni del decennio successivo. Potrebbe tuttavia apparire contraddittoria con questa datazione piuttosto tarda, la presenza (a c. 181r) della misura di 3/4 nella sua forma completa (anziché in quella abbreviata costituita da una grossa cifra « 3 », che Vivaldi incominciò a utilizzare a partire dal 1720 circa). Questa apparente anomalia può comunque essere spiegata con il fatto che Vivaldi corresse la misura originaria, che era C.
La seconda fonte, conservata a Dresda, è parzialmente autografa. Si tratta di un manoscritto formato da quattro carte che misurano cm. 23,5 per 32 circa; ogni pagina comprende dieci righi, utilizzati come nell'autografo. La musica è di mano di un copista, mentre il testo, le indicazioni agogiche, l'intestazione « Cantata » apposta nella parte superiore centrale di p. 81, l'attribuzione di paternità « Del Viualdi », immediatamente a destra dell'intestazione, e i segni di « da capo » alla fine delle due arie, sono autografe. Nella parte superiore destra della p. 81 appare l'annotazione, di mano del copista, « N. 3. », che si riferisce alla posizione della cantata all'interno del manoscritto. Il manoscritto di Dresda sembra essere stato realizzato in gran fretta e presenta numerosi errori di copiatura; non è esente da sviste nemmeno il testo poetico inserito sotto le note dallo stesso Vivaldi. La correzione inserita da Vivaldi nel manoscritto di Torino alla b. 8 della prima aria « Fonti *del* pianto » rispetto alla originaria lezione « Fonti *di* pianto » seguita dalla copia di Dresda, potrebbe far presumere che quest'ultima possa essere stata realizzata sulla base di un precedente autografo o che il manoscritto di Torino abbia subito — dopo la composizione — una sia pur minima revisione da parte dell'autore. In ogni caso il manoscritto di Dresda non offre alcun aiuto per stabilire il testo della cantata.
La cantata, basata su un testo di autore ignoto e di modestissimo valore poetico, presenta la struttura Aria-Recitativo-Aria.
La prima aria è costituita da due quartine di quinari; la seconda da due quartine di tre settenari concluse da un endecasillabo (settenario più quinario). Entrambe prevedono il consueto *da capo*; ciò significa che la prima parte di ogni aria (prima aria, bb. 1-60; seconda aria, bb. 1-85, primo tempo) deve essere intonata due volte. Poiché non abbiamo modificato in nulla il testo di Vivaldi, pare opportuno avvertire che la corona posta sul primo tempo della b. 60 nella prima aria e sul primo tempo della b. 85 nella seconda, deve essere considerata, nella prima intonazione, come inesistente. Similmente, la corona posta alla fine della seconda parte di ciascuna aria (rispettivamente alle bb. 78 e 111) ha un valore relativo e non assoluto; spetta all'interprete determinare giudiziosamente la durata dell'ultima nota precedente il *da capo*, tenendo anche conto del carattere tetico o anacrusico dell'inizio dell'aria.

Per quanto riguarda l'interpretazione, occorrerà appena ricordare la necessità di una ripresa variata dei *da capo* (il che non esclude la moderata introduzione di abbellimenti e fioriture anche nelle altre parti dell'aria). Punti opportuni per l'introduzione di eventuali cadenze paiono il secondo tempo della b. 54 e della b. 77 nella prima aria; il secondo tempo della b. 77 e il secondo tempo della b. 110 nella seconda aria. Il recitativo andrà interpretato con molta scioltezza e libertà ritmica. Si raccomanda di iniziare i trilli con una chiara appoggiatura superiore.
Per quanto concerne gli strumenti del basso continuo, dovrebbero comprendere un violoncello e un clavicembalo (un'esecuzione con il solo clavicembalo è possibile, anche se non raccomandabile). La realizzazione che qui si offre (pensata per il clavicembalo) è ovviamente una delle molte possibili, ed è da intendersi come proposta non vincolante, che l'interprete potrà elaborare o modificare a piacere. Mentre nelle arie l'elaborazione del basso continuo ha una relativa completezza, nel recitativo si propone esclusivamente di suggerire all'interprete lo schema armonico del basso (il tipo di accordo, non la modalità della sua esecuzione, che dovrà conformarsi alle fantasiose convenzioni della prassi esecutiva del primo Settecento).[2]
Altre avvertenze concernenti la prassi esecutiva sono contenute nella Prefazione generale.

Trascriviamo il testo della cantata.[3]

I *Aria:*

Fonti del[a] pianto
piangete tanto
sino che in[b] lagrime
struggasi il cor.

Mio cor amante
sei di diamante
s'oggi non spezzati
al mio dolor.

II *Recitativo:*

Come cor più spietato
non v'è del duro cor della mia Filli,
così più desolato
no che non v'è di te, mio cor amante.
Tu fido, ella incostante,
tu l'ami, ella t'abborre,
tu la segui, ella ti fugge. A duol cotanto,
se resister non puoi
struggiti, afflitto cor, struggiti in pianto.

III *Aria:*

Guarda negl'occhi miei,
Filli spietata, oh Dio,
quanto crudel tu sei
quanto fedel son io, quanto t'adoro.

E come è in me l'amore
egual a tua bellezza,
rimira entro il mio core,
egual a tua fierezza il mio martoro.

[a] Nell'autografo di Torino la lezione è « Fonti del pianto »; ma « del » appare come una correzione successiva a un'originale versione « di pianto »; nella fonte di Dresda è « Fonti di pianto ».
[b] L'autografo di Torino presenta, la seconda e la terza volta, la lezione « sino ch'in », sempre seguita dalla fonte di Dresda.

Apparato critico

Indichiamo con T la fonte di Torino, con D quella di Dresda.

movimento, battuta	fonte	strumento, voce	
I, 6	T, D	Basso	Note 6, 8 e 10 senza bemolle; lo stesso a b. 51.
I, 8	D	Soprano	«Fonti di pianto».
I, 21	T	Soprano	Note 1-6 sormontate da legatura, forse per indicare la ripetizione dello schema ritmico di b. 19.
I, 24	T, D	Soprano	Note 10 e 12 senza diesis.
I, 25	T, D	Soprano	Note 4, 8 e 12 senza bequadro.
I, 42	T, D	Soprano	In questo come in altri casi analoghi, Vivaldi omette il bemolle dinanzi alla nota 2, probabilmente perché non considera che l'appoggiatura modifichi realmente l'altezza della nota rispetto a quella precedente. Nota 3 senza bemolle; lo stesso alle bb. 43 e 44.
I, 48	D	Basso	Note 1-4 sedicesimi.
I, 54	D	Basso	Note 3-6 sedicesimi.
II	D	Soprano, Basso	Iscrizione: «Rec:^{uo}».
II, 5-7	T	Soprano	«Tu fido, ella incostante» sostituito a una precedente lezione ricoperta da cancellature, ma ancora leggibile: «Tu l'ami ella t'abborre». Vivaldi, per errore, aveva in un primo momento inserito il testo del verso successivo.
II, 15	D	Basso	*Re*^{1} anziché *do*^{1}.
III, 20-22	D	Soprano	«Quanto crudel tu sei» anziché «Quanto fedel son io», per errore. La seconda volta, il testo segue viceversa la lezione di T.
III, 52	T, D	Basso	Note 4 e 5 senza bequadro; lo stesso a b. 92.
III, 66	D	Basso	Nota 5, *mi*^{2} *(bemolle).*
III, 73	D	Basso	Note 2-3 crome.
III, 94	D	Soprano	Nota 4 *si*^{3} *bemolle.*
III, 109-110	T, D	Soprano	Seguiamo la disposizione delle sillabe sotto le note di T. In D, mentre l'unione delle note per mezzo di trattini (e dunque la distribuzione delle sillabe conseguente) è identica, la «o» di «martoro» si trova spostata sotto la nota 1 di b. 110; questo implica che nella b. 109 non si effettua la sinalefe tra «(marto)ro» e «il». È da segnalare comunque che tale elisione sembra essere suggerita dal fatto che in entrambi i manoscritti la posizione delle due sillabe è esattamente sotto la nota 2 di b. 109.
III, 111	T, D	Soprano, Basso	Nota 1 semibreve.

Note

[1] Questa cantata è stata pubblicata in edizione moderna a cura di M. DUNHAM, in A. VIVALDI, *Cantatas for Solo Voice*, Part I, Madison, A-R Editions, 1979, pp. 14-25.

[2] Per una più ampia analisi dei problemi testuali, stilistici ed esecutivi delle cantate di Vivaldi, rimandiamo a un nostro volume monografico, in preparazione, che sarà edito nella serie « Quaderni vivaldiani » dell'Istituto Italiano Antonio Vivaldi.

[3] Si veda anche la trascrizione del testo offerta da G. FOLENA in appendice al saggio *La cantata e Vivaldi* in *Antonio Vivaldi. Teatro musicale, cultura e società*, a cura di L. BIANCONI e G. MORELLI, Firenze, Olschki, 1982, p. 165 e quella di M. DUNHAM, *Op. cit.*, Part I, pp. XVI-XVII.

Critical Notes

The cantata Fonti del pianto, *RV 656, for soprano and continuo has come down to us in two sources, preserved in the Biblioteca Nazionale, Turin (Foà 28, fols 181-184), and the Sächsische Landesbibliothek, Dresden (Mus. 1-J-7, pp. 81-87), respectively.*[1] *The first source, entirely in Vivaldi's own hand, consists of a single quire in oblong format formed from two nested bifolios measuring approximately 23 by 31 cm and containing six pages of musical notation; both sides of fol. 184 remain unused. At the top of fol. 181r appears, centrally, the heading "Cantata Del Viualdi"; to its left, over the first bar, the composer has written the words "Un Tuono Basso", which is probably to be interpreted as an instruction to a copyist or a direction for performance provided for the benefit of a singer whose upper range was limited. On fol. 183v there is no "Finis" indication, but the fact that both from a musical and from a textual point of view the cantata as a whole forms a coherent structure leads one to suppose that the work has come down in its entirety.*

Each page contains ten staves, and the music is written out on five systems, each of two staves; of these the upper is in the soprano clef and the lower in the bass clef, there being no indication of what kind of voice and what accompanying instruments are intended. Clearly, though, this is a work for soprano and continuo.

According to Paul Everett's researches, the autograph manuscript of RV 656 exhibits the same paper-type as RV 655 and RV 670 and would appear, judging from the characteristics of the musical handwriting, to date from the late 1720s or early 1730s. This rather late date might seem to be contradicted by the presence (on fol. 181r) of a 3/4 time signature written out in its complete form (as opposed to the abbreviated form consisting of a large figure "3" that Vivaldi started to use from about 1720). However, this apparent anomaly is explained by the fact that here Vivaldi was correcting a previous time signature, which was C.

The second source, preserved in Dresden, is partially autograph. It is a manuscript containing four folios that measure approximately 23.5 by 32 cm; each page has ten staves, used as in the autograph. The music is in the hand of a copyist, while the text, the tempo markings, the heading "Cantata" centrally positioned at the top of p. 81, the mark of authorship "Del Viualdi" immediately to the right of that heading and the instruction "da capo" at the end of the two arias are in the composer's hand. At the top of p. 81, to the right, appears the annotation — in the copyist's hand — "N. 3.", which refers to the position of the cantata within the manuscript. This Dresden manuscript seems to have been prepared in great haste, for it exhibits many copying mistakes; even the underlaid text, for which Vivaldi himself was responsible, is not free from errors. The correction that Vivaldi made in bar 8 of the first aria in the Turin manuscript, changing "Fonti di *pianto" into "Fonti* del *pianto", does not appear in the Dresden copy, which suggests either that the latter was copied from an earlier autograph or that Vivaldi revised the former, however minimally, at some later stage. At all events, the Dresden manuscript offers no help towards establishing the text of the cantata.*

Based on an anonymous text of very scant poetic value, the cantata adopts the structure Aria-Recitative-Aria.

The first aria consists of two quatrains of five-syllable lines; the second, of two quatrains, each made up of three seven-syllable lines rounded off with an eleven-syllable line (seven plus five syllables). Both presuppose the customary da capo*; this means that the first section of each aria (first aria, bars 1-60; second aria, bars 1-85, first beat) has to be sung twice. Since we have refrained from altering Vivaldi's musical text, it may help to point out that the fermata over the first beat of bar 60 in the first aria, and over the first beat of bar 85 in the second, should be ignored the first time through. Similarly, the fermata at the end of the second section of both arias (bars 78 and 111 respectively) has a relative, not absolute, value; it is up to the interpreter to use his good sense in determining the duration of the last note before the* da capo, *taking account also of whether the aria opens on a strong beat or an upbeat.*

As regards the interpretation, it is hardly necessary to remind performers of the need to vary da capo *reprises (which does not exclude the moderate application of embellishments and* fioriture *to other sections of the aria as well). Suitable points for the possible introduction of cadenzas seem to*

be the second beats of bars 54 and 77 in the first aria, and the second beats of bars 77 and 110 in the second aria. The recitatives have to be sung with great facility and rhythmic freedom. It is recommended to begin trills with a distinct upper appoggiatura.
As for the continuo instruments, they should comprise a cello and a harpsichord (a performance with harpsichord alone is possible, though not recommended). The realization offered here is obviously only one of many possible ones and should be regarded as a non-obligatory suggestion that the performer is free to elaborate or change at pleasure. While the continuo realization in the arias is relatively complete as it stands, that in the recitatives aims only to convey to the performer the harmonic implications of the bass (the species of chord; not the modalities of its performance, which will have to conform to the richly imaginative conventions current in the chamber music of the early eighteenth century).[2]
Other remarks on performance practice are contained in the General Preface.
The text of the cantata is given in the Italian version of these notes.[3]

Critical Commentary

T denotes the Turin source, D the Dresden source.

movement, bar	*source*	*instrument, voice*	
I, 6	T, D	Basso	Notes 6, 8 and 10 without flat; similarly in bar 51.
I, 8	D	Soprano	"Fonti di pianto".
I, 21	T, D	Soprano	Slur over notes 1-6, perhaps in order to indicate the repetition of the rhythmic arrangement of bar 19.
I, 24	T, D	Soprano	Notes 10 and 12 without sharp.
I, 25	T, D	Soprano	Notes 4, 8 and 12 without natural.
I, 42	T, D	Soprano	In this as in similar cases Vivaldi leaves out the flat before note 2, probably because he does not consider that the appoggiatura, in real terms, causes the pitch of the note following it to change in relation to the one preceding it. Note 3 without flat; similarly in bars 43 and 44.
I, 48	D	Basso	Notes 1-4 semiquavers.
I, 54	D	Basso	Notes 3-6 semiquavers.
II	D	Soprano, Basso	Heading: "Rec:^{vo}".
II, 5-7	T	Soprano	"Tu fido, ella incostante" substituted for earlier words that, although crossed out, remain legible: "Tu l'ami ella t'abborre". By mistake, Vivaldi had originally set down the words of the next line.
II, 15	D	Basso	D instead of C.
III, 20-22	D	Soprano	"Quanto crudel tu sei" in error for "Quanto fedel son io". On its second appearance, however, the text follows the reading of T.
III, 52	T, D	Basso	Notes 4 and 5 without natural; similarly in bar 92.
III, 66	D	Basso	Note 5 e (flat).
III, 73	D	Basso	Notes 2-3 quavers.
III, 94	D	Soprano	Note 4 b' (flat).
III, 109-110	T, D	Soprano	The syllables are underlaid to the notes as in T. In D, which has the notes beamed in exactly the same manner (implying that the syllables are to be allotted to

			the same notes), the "o" of "martoro" has been displaced so that it appears under note 1 of bar 110; this would mean that in bar 109 there is no elision between "(marto)ro" and "il". However, it does seem that this elision is intended, since in both manuscripts the two syllables are placed exactly underneath note 2 of bar 109.
III, 111	*T, D*	*Soprano, Basso*	*Note 1 semibreve.*

(Translation by Michael Talbot)

Notes

[1] *This cantata has been published in a modern edition by* M. DUNHAM, *in* A. VIVALDI, Cantatas for Solo Voice, *Part I, Madison, A-R Editions, 1979, pp. 14-25.*

[2] *For a fuller analysis of the textual stylistic and practical performing problems of Vivaldi's cantatas, the reader is referred to a monograph the editor is currently preparing; this is to be published by the* Istituto Italiano Antonio Vivaldi *in its series "Quaderni vivaldiani".*

[3] *See also the transcription of the text provided by* G. FOLENA *in an appendix to his article* La cantata e Vivaldi, *in* Antonio Vivaldi. Teatro musicale, cultura e società, *eds.* L. BIANCONI *and* G. MORELLI, *Florence, Olschki, 1982, p. 165, and that by* M. DUNHAM, Op. cit., *Part I, pp. XVI-XVII.*

50
60
70
Da Capo

Recitativo
10

Allegro
10
20
30
40
50

INGRAF s.r.l. - Via Monte S. Genesio 7 - Milano
Stampato in Italia - Printed in Italy - Imprimé en Italie 1991

Antonio Vivaldi

Fonti del pianto

Cantata per soprano e basso continuo RV 656

Revisione di Francesco Degrada

basso

G. RICORDI & C. Editori, Milano
© Copyright 1991, by G. RICORDI & C. - s.p.a. - Milano
Tutti i diritti sono riservati - Tous droits réservés - All rights reserved.
ANNO 1991
PRINTED IN ITALY
IMPRIMÉ EN ITALIE

P.R.1309